La vida en el desierto

por Maryellen Gregoire

Consultora:
Nancy E. Harris, MEd

capstone classroom
Heinemann Raintree • Red Brick Learning
division of Capstone

Un cactus vive
en el desierto.

Un conejo vive
en el desierto.

Una serpiente vive
en el desierto.

Un pájaro vive
en el desierto.

Una lagartija vive en el desierto.

Una ardilla vive
en el desierto.

Una tarántula vive
en el desierto.

Un zorrino vive en el desierto. ¡Ten cuidado!